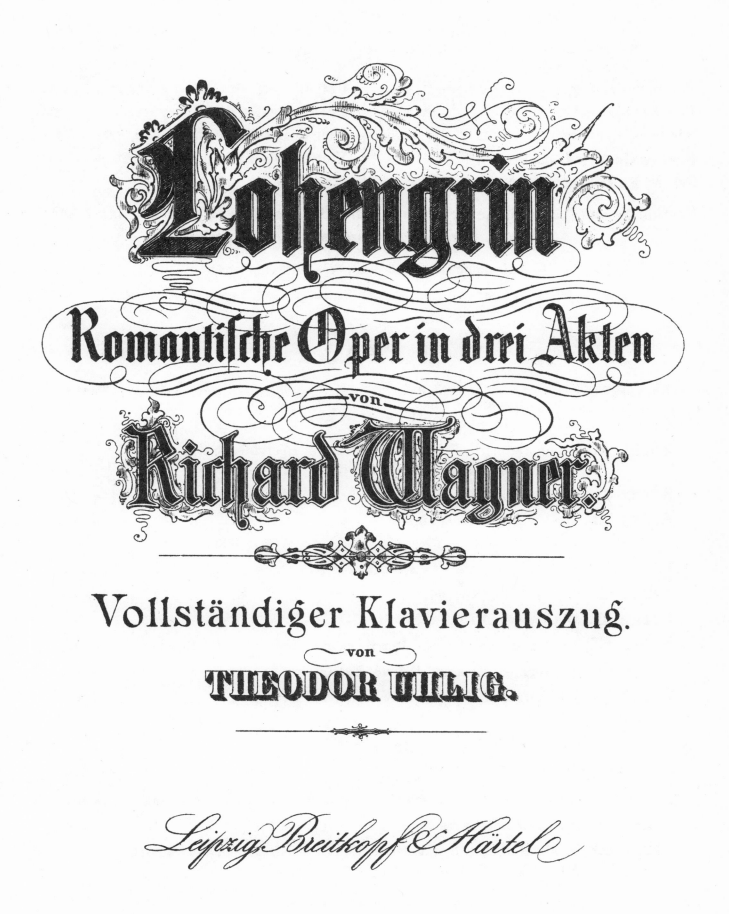

Lohengrin

Romantische Oper in drei Akten

von

Richard Wagner.

Vollständiger Klavierauszug.

von

THEODOR UHLIG.

Leipzig, Breitkopf & Härtel

LOHENGRIN.

PERSONEN.

Heinrich der Vogler, deutscher König.... Bass.	Ortrud, seine Gemahlin............. Sopran.
Lohengrin. . . . . Tenor.	Der Heerrufer des Königs.......... Bass.
Elsa von Brabant................ Sopran.	Vier brabantische Edle........ Tenor u. Bass.
Herzog Gottfried, ihr Bruder.	Vier Edelknaben.............. Sopran u. Alt.
Friedrich v.Telramund, brabantischer Graf. Bariton.	

Sächsische und thüringische Grafen und Edle. Brabantische Grafen und Edle. Edelfrauen. Edelknaben. Mannen. Frauen. Knechte.

Antwerpen.— Erste Hälfte des 10ten Jahrhunderts.

INHALT.

LOHENGRIN.

Oper von

RICHARD WAGNER.

Vorspiel.

Langsam.

ERSTER AKT.
ERSTE SCENE.

Ziemlich lebhaft.

Hier geht der Vorhang auf. — Eine Aue am Ufer
der Schelde bei Antwerpen. König Heinrich
unter der Gerichts-Eiche; zu seiner Seite Grafen und Edle vom sächsischen Heerbann.

Gegenüber brabantische Grafen und Edle, an ihrer Spitze
Friedrich von Telramund, zu dessen Seite Ortrud. — Der Heerrufer ist aus dem Heerbann des Königs in die Mitte geschritten:
auf sein Zeichen blasen vier Trompeter des Königs den Aufruf.

Auf der Bühne. Tromp.   Im Orchester.

HEERRUFER.

Hört! Grafen, Edle, Freie von Brabant!

Heinrich, der Deutschen Kö - nig, kam zur

Langsam.

Statt, mit euch zu dingen nach des Reiches Recht.

Gebt ihr nun Fried' und Folge dem Ge-

V. A. 301.

mahnt! Soll ich euch erst der Drangsal Kun-de sagen, die deutsches Land so

oft aus Osten traf? In fernster Mark hiesst Weib und Kind ihr be-ten: „Herr Gott, be-

wahr' uns vor der Ungarn Wuth!" Doch mir, des Reiches Haupt, musst' es ge-ziemen, solch wilder

Schmach ein En-de zu er-sin-nen; als Kampfes Preis gewann ich Frieden auf neun

Jahr, — ihn nützt' ich zu des Reiches Wehr: beschirmte Städt' und Burgen liess ich

baun, den Heerbann üb-te ich zum Wi-derstand. Zu End' ist nun die

Frist, der Zins ver-sagt,— mit wildem Drohen rüstet sich der Feind.

Lebhaft. (mit grosser Wärme.)

Nun ist es Zeit, des Rei - ches Ehr' zu wah - ren.

ob Ost, ob West? Das gelte Al-len gleich! Was deutsches

Land heisst, stel-le Kampfes-schaa-ren, dann schmäht wohl Nie - mand mehr das

6

kenne dich als aller Tugend Preis, — jetzt re-de, dass der Drangsal Grund ich weiss.

Feierlich. **FRIEDR.**

Dank, König dir, dass du zu richten kamst! Die Wahrheit künd' ich, Untreu' ist mir

fremd. — Zum Ster-ben kam der Herzog von Bra-bant, und mei-nem

Schutz empfahl er sei-ne Kin-der, Elsa, die Jungfrau, und Gottfried, den Knaben; mit Treue

pflag ich sei-ner grossen Ju-gend, sein Leben war das Kleinod mei-ner

V. A. 301.

Ehre.

Lebhaft.

Ermiss nun, König, meinen grimmen Schmerz, als meiner

Ehre Kleinod mir geraubt!

Schnell.

Lust-wandelnd führte Elsa den Knaben einst zum

Wald, doch ohne ihn kehr-te sie zu-rück; mit fal-scher Sor-ge frug sie nach dem

Bruder, da sie, von un-gefähr von ihm ver - irrt, bald sei-ne Spur, so sprach sie, nicht mehr

fand. Bewegt.

Frucht - los war all' Be - müh'n um den Verlor'nen;

als ich mit Drohen nun in El - sa drang, da liess in blei-chem Za-gen und Er -

be - ben der grässlichen Schuld Bekenntniss sie uns sehn.

Schnell.

Sehr lebhaft.

Es fasste mich Entsetzen vor der Magd; dem Recht auf ihre

Hand, vom Vater mir ver - liehn, entsagt'ich willig da und gern, und nahm ein Weib, das

mei - nem Sinn ge - fiel:

(er stellt Ortrud vor, diese verneigt sich vor dem König.)

Or - trud, Radbod's, des Friesenfürsten,

V. A. 301.

Etwas langsam.
(Er schreitet feierlich einige Schritte vor.)

Spross.

Nun führ' ich Klage wider Elsa von Bra-bant;

des Brudermordes zeih ich sie.

Dies Land doch sprech ich für mich an mit Recht, da ich der Nächste von des Herzogs

Blut, mein Weib, da-zu aus dem Ge-schlecht, das einst auch diesen Landen sei-ne

Für-sten gab.—

zurückhaltend.

Du hörst die Kla-ge, Kö-nig! Rich-te

(Der König hängt mit Feierlichkeit
den Schild an der Eiche auf.)

KÖN. Langsam.

Macht Gericht gehalten sein?   Nicht   ehr soll bergen mich der Schild, bis ich ge-

Pos. u. Tromp.

(Alle Männer entblössen die Schwerter; die Sachsen stossen sie vor sich in
die Erde, die Brabanter strecken sie flach vor sich nieder.)

ALLE MÄNN.

CHOR. Nicht   ehr zur Scheide kehr' das   Schwert, bis ihm durch

richtet streng und mild!   bis

dim.   p   molto cresc.

UrtheilRechtge _ währt!

ihm sein Recht ge _ währt! Wo ihr des Königs Schild gewahrt,   dort Recht durch Urtheil nun er-

HEERR.

fahrt!   Drum ruf' ich klagend laut und hell: Elsa,   erscheine hier zur Stell'!

Tromp. u. Pos.

14

V. A. 301.

K 1011

ZWEITE SCENE.

(Elsa tritt auf; sie verweilt eine Zeit lang im Hintergrunde; dann schreitet sie sehr langsam und mit grosser Verschämt - heit der Mitte des Vordergrundes zu; Frauen folgen ihr, — diese bleiben aber zunächst im Hintergrunde an der äussersten Gren- ze des Gerichtskreises.)

V. A. 301.

Horn zur Hüf-ten, ge-leh-netauf sein Schwert, _ so trat er aus den

Lüften zu mir, der Re-cke werth; mit züch-tigem Ge-

Br.Vcl.Bf.

(mit erho-

bah-ren gab _ Trö-stung er mir ein: _ des _

bener Stimme.)

(schwär_

Rit-terswill ich wah-ren, er soll mein Strei-ter sein! Er_

cresc f p Ped.

merisch.) ritard. (sehr gerührt.) pp

_ soll mein Streitersein! ALLE MÄNN. CHOR. Bewah-re uns des_

pp

ritard. p Bl..Hf.

Him - - mels Huld, dass klar wir se - hen,

KÖN. *(lebhafter.)*

Friedrich, du ehrenwerther Mann, beden - ke wohl, wen klagst du

wer hier Schuld!

Lebhafter. **FRIEDR.** *immer lebhaf -*

(immer leidenschaft

an? Mich ir - ret nicht ihr träu-merischer Muth; ihr hört, sie

ter im Zeitmaass.

licher.)

schwärmt___ von ei - nem Buh - len! Wess'ich sie zeih', dess'hab'ich si-chern

V. A. 301.

KÖNIG. (lebhaft.

schlug? Wie schlimm,   liess' ich von dir daran mich mahnen!   Gern geb' ich dir   der

höchsten Tugend Preis; in keiner andern Huth, als in der deinen,   möcht' ich die Lan_de

Langsamer.

(mit feierlichem Entschluss.)

wissen.—   Gott al_lein soll   jetzt in die_ser Sache noch ent_

Pos. u. Tromp.

Bl.

ALLE MÄNN.

Zum Got_tesgericht! Zum Got_tesge_richt!   Wohl_an! (Der König zieht sein Schwert u. stösst es vor sich in die Erde.)

scheiden!

Br., Pk. cresc.

Cb. trem.

Pos. u. Tb.

KÖN.

Dich frag' ich, Friedrich, Graf von Telramund! Willst du durch Kampf auf

Pos.

V. A. 301.

V.A.801.

24

streiten kam für El_sa von Bra_bant, der tre_te vor! Der tre_te vor!

_f_ Pos.

ALLE MÄNN.

_pp_

(Elsa, welche bisher in ununterbro_chen ruhiger Haltung verweilt, zeigt entstehende Unruhe der Erwartung.)

CHOR. Ohn' Antwort ist der Ruf verhallt!

_pp_

FRIEDR. (auf Elsa deutend.)

Gewahrt, gewahrt,

_p_

Br. u. Vcl. pizz.

_pp_

trem.

Bcl.

ob ich sie fälschlich schalt? Auf mei_ner Sei_te bleibt das

ALLE MÄNN.

CHOR. Um ih_re Sa_che steht es schlecht!

_p_

_p_

_p_

_p_

dim.

_p_

ELSA. (etwas näher zum König tretend.)

Recht! Mein lieber König, lass dich bitten_ noch einen Ruf an meinen

Ob.

Bl. _p_

_p_

_p_

V. A. 301.

(Elsa sinkt zu inbrünstigem Gebet auf die Knie. Die Frauen, in Besorgniss um ihre Herrin, treten etwas näher in den Vordergrund.)

ELSA.

Du trugest zu ihm mei- ne Kla- ge, zu mir trat er auf dein Ge-bot:_ o Herr, nun meinem Rit- ter

DIE FRAUEN. (auf die Knie sinkend.)

Herr! Sen- de Hül- fe ihr! Herr Gott! Hö- re uns!

sa- ge,_ dass er mir helf'_ in meiner Noth! Lass mich ihn seh'n (in wachsender

Begeisterung.) wie ich ihn sah, wie ich ihn sah sei er mir (mit freudig

immer nä - her _ seht! kommt er schou her _ an! An einer gold' _ nen
immer nä - her _ seht! kommt er schou her _ an! Seht, immer nä - her komt er schou her _
an! Seht! Nä-her kommt er an! Seht, immer nä - her komt er schou her _
Seht, immer näher kommt er schon her _ an!

Ein Ritter _ und ein Schwan! Welch' seltsam Wunder! Seht!
Ein Ritter _ und ein Schwan! Welch' seltsam Wunder! Seht!
Strand; seht, nä - her kommt er an! Welch' seltsam Wunder! Seht!
Wahrlich, ein Rit - ter ist's! Welch' selt - sam

cresc.

Ket - te zieht der Schwan! An einer gold' _ nen Ket - te zieht der Schwan!
an! O seht! An einer gold' _ nen Ket - te zieht der Schwan!
Seht, immer nä - her kommt zum Ufer er her _ an!
Seht, immer nä - her kommt zum Ufer er her _ an!

dort! dort! (Auch die Letzten eilen hier noch nach dem Hintergrunde; im Vordergrunde An einer
bleiben nur der König, Elsa, Friedrich, Ortrud und die Frauen.)
dort! dort! An einer
dort! dort! Seht, immer nä - her
Wun - - der! Seht, immer nä - her

Vl.

Vclu. Fg.

V. A. 301.

DRITTE SCENE.

(Der Nachen, vom Schwan gezogen, erreicht hier in der Mitte des Hintergrundes das Ufer; Lohengrin, in glänzender Silberrüstung, den Helm auf dem Haupte, den Schild im Rücken, ein kleines goldenes Horn zur Seite, steht, auf sein Schwert gelehnt, darin.— Friedrich blickt in sprachlosem Erstaunen auf Lohengrin hin.— Ortrud, die während des Gerichtes in kalter, stolzer Haltung verblieben, geräth bei dem Anblick des Schwanes in tödtlichen Schreck. Alles entblösst in höchster Ergriffenheit das Haupt.)

grüsst, sei ge-grüsst! Sei ge-grüsst, sei ge-grüsst, du

gott_gesandter Mann, sei ge-grüsst!

gott_gesandter Mann, sei ge-grüsst! Sei ge-grüsst, sei ge-grüsst, du

_ff_

Tromp., Pk. u. Pos.

Ped.

gott _ gesan_dter Mann!

(Sowie Lohengrin die erste Bewegung macht, den Kahn zu verlassen, tritt bei Allen sogleich das gespannteste Schweigen ein.)

gott _ gesan_dter Mann!

Volles Orch. _dimin._ _piü p_

Ped.

Fl. Langsam.

ritard.
dimin. _pp VI._

Ped. _Ped._ _Ped._ _Ped._ _Ped._

V. A. 301.

recht die Macht, die dich in dieses Land gebracht, so nahst_ du uns von Gott gesandt?

LOHENGRIN.

Zum Kampf für ei-ne Magd zu steh'n, der schwere Kla-ge an-ge-than, bin ich ge-sandt: nun lasst mich seh'n, ob ich zurecht sie tref-fe an!_ So sprich denn El-sa von Bra-bant!

(Er wendet sich etwas näher zu Elsa.)

Wenn ich zum Streiter dir er-nannt, willst du wohl oh-ne Bang' und Grau'n dich mei-nem Schu-tze an-ver-

Lohengrin geleitet Elsa zum König und übergiebt sie dessen Huth.)
pp
Ich fühl' das Her - ze mir— ver-gehn, schau'ich den
Zau - ber, der mir an - ge - than? zart Ich fühl'das Herz mir— ver-ge -
der mir an - ge - than? zart Ich fühl'das Herz mir— ver-gehn,—
pp Ich fühl' das Herz, ich fühl'das Herz mir— ver-gehn,
Wun - der muss ich sehn! zart Ich füh - le das Herz mir— ver - gehn,
pp Ich fühl' mir das Herz ver -
won - ne-vol-len Mann. pp schau' ich— den heh - ren,
hen! Ich fühl' das Herz mir ver - ge - hen, schau' ich— den
pp schau' ich den hehren Mann, pp ich fühl' das Herz mir ver-gehen, schau'— ich den
pp schau' ich den hehren Mann, ich fühl' pp — das Herz ver - gehen, schau' ich den
pp schau' ich den hehren Mann, ich fühl' pp das Herz mir ver - gehen, schau' ich den
gehn, — schau' ich den heh - ren Mann, schau' ich den
pp

wonne-vol-len Mann!

wonne-vollen Mann!

wonne-vollen Mann!

heh - ren Mann!

heh - ren Mann!

heh - ren Mann!

LOHENGRIN.

Nun hört! Euch, Volk und Edlen, mach' ich kund: frei al-ler Schuld ist El - sa von Bra -

bant! Dass falsch dein Klagen, Graf von Tel-ramund, durch

forschend auf Lohengrin geheftet hat.)

feig! Welch' Zau _ bern dich auch her - ge-

immer ff

führt, Fremd - ling, der mir so kühn er-scheint; dein stol - zes

Drohn mich nim _ mer rührt, da ich zu lü _ gen nie ver-

meint: den Kampf mit dir drum nehm'ich auf,

und hof _ fe Sieg nach Rech _ _ tes

gen Kreis gebildet haben, stossen sie die Speere in die Erde.)

DER HEERR. (in der Mitte des Kampf-Ringes.)

Nun höret mich und achtet wohl: den Kampf hier Keiner stö_ren soll! Dem

Pos.u.Tb.

Ha - ge bleibet ab-gewandt, denn wer nicht wahrt des Friedens Recht, der Freie

büss' es mit der Hand, mit sei-nem Haup-te büss' es der Knecht!

ALLE MÄNN.

CHOR. Der Freie büss'___ es mit der Hand, mit seinem Haup-te

büss'es der Knecht!

HEERR.

Hört auch, ihr Streiter vor Ge - richt! Gewahrt in

Treue Kampfes Pflicht! Durch bösen Zaubers List und Trug stört nicht des

Ur-theils Ei-gen-schaft! Gott richtet euch nach Recht und Fug,_ so trauet ihm,

LOHENGRIN. (Beide zu beiden Seiten ausserhalb des Kampfkreises stehend.)

Gott richte mich nach Recht und Fug! So trau'ich ihm,

FRIEDR.

nicht eurer Kraft! Gott richte mich nach Recht und Fug! So trau'ich ihm,

nicht mei - ner Kraft!   (Der König schreitet mit grosser
                              Feierlichkeit in die Mitte vor.)   KÖN.

nicht mei - ner Kraft!   Mein

Volles Orch.   ritard.

Feierlich.   (Hier entblössen Alle das Haupt, und lassen sich zur feierlichsten Andacht an.)

Herr und Gott, nun ruf' ich dich, dass du dem Kampf zu - ge-gen seist! _   DurchSchwertes

Pos. u. Tromp.

(lange!)

Sieg ein Urtheil sprich, das Trug und Wahrheit klar er-weist!   Des

Reinen Arm gieb Hel - den-kraft; des Falschen Stärke sei er - schlafft: so hilf uns.

Gott,   zu dieser Frist, weil unsre Weisheit Einfalt ist,   weil un-sre Weisheit

Hörn.

Mein Herr und Gott, drum zag' ich nicht, mein Gott, drum

die, wo er kämpft, ihm Sieg_ ver-schafft.

sehr ausdrucksvoll. Mein Gott, drum zag' ich nicht, drum nun

lass' mein' Eh - re nicht, ver - lass' mein' Eh - re nicht, ver - lass' mein'

Nun künd' uns, nun kün - de uns dein

zag' ich nicht!

zag' ich nicht! Du kündest

Eh - re nicht! Ich geh' in Treu' vor dein Ge - richt; Herr

wahr Ge - richt! Mein Herr und Gott, dich ru - fe jetzt ich

TENOR.

CHOR.

Des Rei - nen Arm gieb Hel - den - kraft, des Fal-schen

BASS.

DER HEERR. mit dem ersten Bass.

Hörn. u. Fag.

V. A. 301.

Mein Herr, o mein Gott!

Ich bau-e fest auf seine Kraft, auf sei-ne Kraft.

nun dein wahr Ge-richt, dein wahr Ge-richt! Mein Gott,

Gott, verlass' mein' Eh - re nicht, Herr Gott, Herr Gott! Ver-lass', ver-

an, dass du dem Kampf zu - ge - gen seist! Durch Schwertes Sieg sprich dein

SOPRAN.

DIE FRAUEN. Mein Herr und Gott!

ALT.

Stär - ke sei er - schlafft: so hilf uns, Gott, zu die - ser

V. A. 301.

Du kündest nun dein wahr Ge -

Ich bau-e fest auf seine Kraft, die, wo er kämpft, ihm Sieg verschafft;

___ drum ___ zag' ich nicht, drum zag' ___ ich nicht!

lass, ver - lass' mein' Eh - re nicht! Herr Gott, ver-lass' mein' Eh - re

Ur - theil, ___ das Trug und Wahr - heit klar er -

Seg - ne

Frist, weil un-sre Weis - heit Ein - falt ist!

richt;   drum   zag'   ich   nicht,   drum nun

ich baue fest auf sei-ne Kraft,   die,   wo   er   kämpft, ihm   Sieg   verschafft;

Du   kündest nun dein wahr Ge - richt; mein Herr und Gott, drum

nicht!   Ich geh'   in   Treu' vor dein Gericht; Herr   Gott,   ver - lass' mein'

weist;   so künde   nun   dein   wahr Ge - richt, Herr, mein Gott,

ihn!   Seg -   ne   ihn!

So   kün -   de   nun   dein   wahr Ge - richt, du Herr   und   Gott, nun

zag'——— ich nicht; mein Herr und Gott, drum zag'ich nicht, drum zag' ich

ich bau-e fest auf sei-ne Kraft, ich bau-e fest auf

zag'——— ich nicht; mein Herr und Gott, drum zag'ich nicht, mein Herr und

Eh-re nicht, Herr Gott, verlass mein'Eh-re nicht! — Herr Gott, ver-

so kün-deuns dein wahr——— Ge-richt! Mein Herr und Gott, nun

Herr, mein Gott! Herr,mein

zög'——— re nicht! Du Herr, mein

nicht, mein Herr, mein Herr, drum zag' ich nicht!

sei - ne Kraft, die, wo er kämpft, ihm Sieg verschafft!

Gott, drum zag' ich nicht, drum zag' ich nicht!

lass', ver - lass' mein' Eh - re nicht!

zög' - re nicht, Herr, mein Gott, nun zög' - re nicht!

Gott, mein Gott, seg - ne ihn!

Gott, nun zög' - re nicht!

(Der König zieht sein Schwert aus der Erde und schlägt damit dreimal auf den an der Eiche aufgehängten Schild.)

(Erster Schlag.) (Zweiter Schlag.)

(Lohengrin und Friedrich treten in den Ring.)

(Sie legen den Schild vor und ziehen das Schwert.)

(Sie beginnen den Kampf, Lohengrin greift zuerst an.)

Schnell.

(Dritter Schlag.)

V. A. 301.

(Hier streckt Lohengrin mit einem weitausgeholten Streiche Friedrich nieder.)

(Friedrich versucht sich wieder zu erheben, tau-melt einige Schritte zu-rück u. stürzt zu Boden.)

LOHENGRIN. (das Schwert auf Friedrich's Hals setzend.) (von ihm ablassend.)

Durch Got-tes Sieg ist jetzt dein Le-ben mein:— ich schenk es dir,—

(Alle Männer nehmen ihre Schwerter wieder an sich und stossen sie in die Scheiden: die Kampfzeugen ziehen die Speere aus der Erde; der Kö-nig nimmt seinen Schild von der Eiche. Alles stürzt jubelnd nach der Mit-te und erfüllt so den vorherigen Kampfkreis. Elsa eilt auf Lohengrin zu.)

Langsam. Sehr lebhaft.

SOPR.
ALT.
mögst du der Reu' es weih'n! Sieg! Sieg! Sieg!
TEN.
Sieg! Sieg! Sieg!
BASS.
Sehr lebhaft. Sieg! Sieg! Sieg!

Volles Orch.

V. A. 301.

V. A. 301.

V. A. 301.

wür - dig zu prei - sen, an höch - stem Lo - bereich! Ach, soll ich mich se - lig

hin? Sollt' ich vor ihm ver - za - gen, wär' all mein Hoffen hin? Wär'

_ vergol - ten sein, was du ge - lit - ten, soll _____ dir

ihn, durch ihn ich sieglos bin, durch ihn, durch ihn sieg _

_ men! Heil deiner Fahrt, deinem Kommen, deiner Fahrt! Heil _____ deinem

Heil! Heil! dei - nem Kom - men!

Heil! Heil! Heil deinem Kommen, deiner Fahrt! Ge - seg - net deine

Heil! Heil! Heil dei - ner Fahrt! Ge - segnet deine

Heil! Heil!

_ dei - ner Fahrt! Heil deiner Fahrt! Heil deiner Fahrt! Ge - seg - net dei - ne

Kommen, deiner Fahrt! Ge - seg-net dein Kommen, deine Fahrt! Ge - seg - net dei - ne

V. A. 301.

68

K 1011

bin! In dir muss ich ver - ge - hen!

ist's, der ihn geschla - gen? Vor dem ich

sein! Den Sieg hab' ich er-

Am Heil muss ich ver - za - gen!

dem Hel - den laut zum höchsten Prei - se! Ruhm deiner

Hel - den laut zum höchsten Prei - se! Ruhm dei - ner Fahrt,___

Hel - den laut zum Prei - se! Ruhm dei - ner Fahrt,___

Hel - den laut zum höchsten Prei - se!

Hel - den laut zum höchsten Prei - se! Ruhm dei - ner Fahrt,___

Vor dir schwind' ich da-hin! Soll macht-los bin? Wer ist's, vor dem ich macht-los bin? rug - gen durch dei - ne Rein' al - lein! Mein Ruhm und Ehr'ist hin! Am Heil muss ich ver- Fahrt! Heil dei-ner Art! Ruhm dei-ner Fahrt! Heil dei-ner

Preis dei-nem Kommen! Heil dei-ner Art,___ Schü-tzer der Frommen!

Preis dei-nem Kommen! Heil dei-ner Art,___ Schü-tzer der Frommen!

Preis dei-nem Kommen! Heil dei-ner Art,___ Schü-tzer der Frommen!

V. A. 301.

was ich bin! Nimm Al - les, Al - - - - - -
za - gen, sollt' ich vor ihm ver - za - - - - gen?
lit - ten, dir reich ver-gol - ten sein, nun
hin! Mein Ruhm und Ehr' ist hin! Weh',
ff
Kom - men! Heil dei-nem Kom-men, dei - ner Fahrt! Heil dei - ner
dei - ner Art! Heil dei - ner Fahrt!
Heil!
dei - ner Art! Heil dei - ner Fahrt! Heil dei - ner
dei - ner Art! Heil dei - ner Fahrt! Heil dei - ner
ff
Ped.

Wär' all mein Hof-fen hin, wär' all mein soll, was du ge-lit-ten, was du ge-lit-ten, mich hat Gott ge-schla-gen, durch ihn ich Fahrt, Heil dei-nem Kom-men! Heil dei-ner Fahrt, Heil, Heil!— Heil! Heil— dei-ner Heil dei-nem Kom-men, dei-ner Fahrt! Heil! Fahrt, Heil dei-nem Kom-men! Heil dei-ner Fahrt! Heil! Fahrt, Heil dei-nem Kom-men! Heil dei-ner Fahrt! Heil!

- les, was ich bin, nimm Al - - - les, was ich bin!
Hof - - fen hin? Wär — all mein Hof - - - fen hin?
was du ge-lit - ten, dir reich ver - gol - ten sein!
sieg - los bin! Am Heil muss ich ver - za - gen! Mein
Heil dei - nem Kom - men! Heil — dei - ner Fahrt!
ff
Art! Heil dir! Heil dir! Heil dei - - ner Art!
Heil!
ff
Heil! Heil dir! Heil dir! Heil dei - - ner Art!
ff
Heil! Heil dir! Heil dir! Heil dei - - ner Art!
ff
ff
ff
ff

nimm es hin. Al - les hin! O___ nimm___ Al -

Wär' es hin? Wär' es hin? Wär' all

Dir soll nun reich ver - gol - -

Ruhm und Ehr' ist da - hin! Mein Ruhm und Ehr'___

Heil dir! Preis dir! Heil dir! Heil dir! Heil___

Heil dir! Preis dir! Heil dir!Heil dir! Heil

Heil dir! Preis dir! Heil dir! Heil dir! Heil

Heil dir! Preis dir! Heil dir! Heil dir!Heil·

V. A. 301.

les hin!

Hof - fen hin?

- ten sein!

(Friedrich sinkt zu Ortrud's Füssen ohnmächtig zusammen.)

— ist da - hin!

— dei-ner Fahrt!

(Junge Männer erheben Lohengrin auf seinen Schild und Elsa auf den Schild des Königs, auf welchen zuvor mehrere ihre Mäntel gebreitet haben: so werden beide unter Jauchzen davon getragen.)

dir! Heil dir!

dir! Heil dir!

ff

Ped. ✳

Ped. ✳

Ped.

(Der Vorhang fällt.)

✳ Ped.

✳ Ped.

V. A. 301.

ZWEITER AKT.
ERSTE SCENE.

(Der Vorhang geht auf. _ Die Scene ist in der Burg von Antwerpen: im Hintergrunde der Pallas (Ritterwohnung.)
links im Vordergrunde die Kemenate (Frauenwohnung), rechts der Münster. Es ist Nacht . _ Ortrud und Friedrich,
beide in dunkler knechtischer Tracht, sitzen auf den Stufen des Münster:Friedrich finster in sich gekehrt, Ortrud
die Augen unverwandt auf die hellerleuchteten Fenster des Pallas gerichtet.)

Mässig langsam.

V. A. 301.

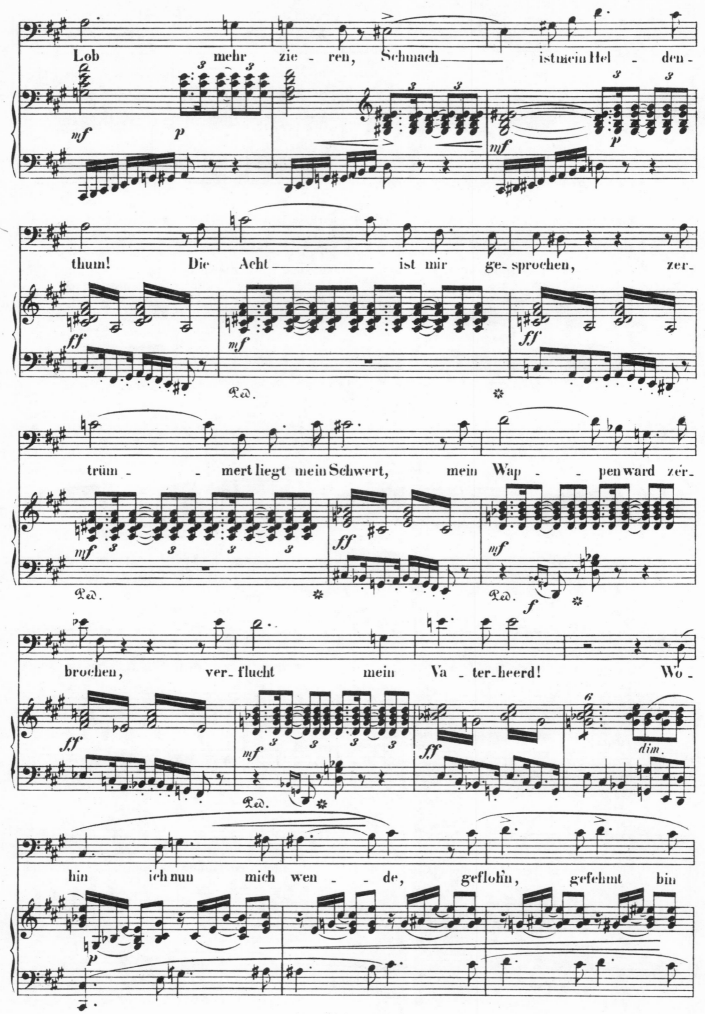

Lob mehr zie - ren, Schmach _____ ist mein Hel - den -

thum! Die Acht _____ ist mir ge - sprochen, zer -

träm - mert liegt mein Schwert, mein Wap - pen ward zer -

brochen, ver - flucht mein Va - ter - heerd! Wo -

hin ich nun mich wen - de, geflohn, gefehmt bin

ich, dass ihn mein Blick nicht schän - de,

flieht selbst der Räu - ber mich. Durch dich, durch dich musst ich ver - lieren mein

Ehr', all meinen Ruhm; nie soll mich Lob mehr zieren, Schmach ist mein Helden -

thum! Die Acht ist mir ge - sprochen, zer - träm - mert liegt mein

Schwert, mein Wap - pen ward zer - brochen, ver -

flucht   mein Va - terheerd!   O, hätt' ich Tod er-

(fast weinend.)   (In höchster Verzweiflung.)

ko - ren, da ich so e - lend bin!   Mein

Ehr;   mein Ehr' hab' ich ver - lo - ren,   mein Ehr; mein

Ehr' ist hin! Mein Ehr,_____ mein Ehr'_____ ist

(Er stürzt, von wüthendem Schmerz überwältigt, zu Boden.)

hin!

V. A. 361.

Die du im düstern Wald zu Haus, logst du mir nicht, von deinem wil_den Schlosse aus die

Unthat habest du ver-üben sehn? mit eignem Aug', wie El_sa selbst den Bruder im

Wei_her dort er_tränkt? Um-strick_test du mein stolzes Herz durch die Weissa-gung

nicht, bald wür_de Radbod's al_ter Für-stenstamm von neu_em grünen und

herrschen in Brabant? Bewogst du so mich nicht, von El_sa's Hand, der Reinen ab-zu-

86

V. A. 301.

K 1011

stelln, und dich zumWeib zu nehmen,weil du Radbod's letzter Spross?Ha, wie tödt-lich du mich

kränkst! Dies Alles, ja, ich sagt' und zeugt' es dir! Und machtest mich, dess'Name hoch-ge-

ehrt, dess' Leben aller höchsten Tugend Preis, zu dei _ ner Lü _ ge

schändlichem Genossen? Wer log? Du! _ Hat nicht durch sein Ge-

richt Gott____ mich dafür ge_schlagen? Gott? Ent-

leuchten soll! (Friedrich nähert sich Ortrud immer mehr und neigt sein Ohr aufmerksam zu ihr herab.)

pp S. gedämpft. trem. Bel.

Weisst du, wer die-ser

FRIEDR. ORT.

Held, den hier ein Schwan ge-zo-gen an das Land? Nein! Was gäbst du

doch, es zu erfahren, wenn ich dir sag', ist er gezwungen zu nennen, wie sein Nam' und

FRIEDR.

Art, all sei-ne Macht zu Ende ist, die mühvoll ihm ein Zau-ber leiht? Ha! Dann be-

Bl. S. Ob. u. Cl.

fp p f trem. dim.

ORT.

griff' ich sein Ver-bot! Nun hör! Niemand hier hat Ge-walt, ihm das Ge-

p trem. p p p p

Bel.

heim niss zu ent - reissen, als die, der er so streng ver - bot, die Fra - ge je an ihn zu

FRIEDR.

thun. So gält' es, El - sa zu ver - lei - ten, dass sie die Frag' ihm nicht er -

ORT. **FRIEDR.** **ORT.**

liess? Ha, wie begreifst du schnell und wohl! Doch wie soll das ge - lin - gen? Hör'! —

Vor Al - lem gilt's von hin - nen nicht zu fliehn; drum schär - fe deinen Witz! Ge -

rechten Arg - wohn ihr zu wecken, tritt vor, klag' ihn des Zaubers an, mit

(sehr bestimmt.) **Immer bewegter.**

V. A. 301.

List ver_lor mein' Eh - - re ich! Dochmeine

Schau - de könnt' ich rä-chen, be _ zeu _ genkönnt ich mei_ne

Treu? Des Buh - len Trug _ ich könnt' ihn brechen,

und mei _ ne Ehr'_____ gewönn'ich neu?_

O Weib,_____ das in der Nacht ich vor mir seh',_ be_trügst du

jetzt mich noch, dann weh' dir! Weh!

ORT. Allmählig immer etwas langsamer.

Ha, wie du rasest! — Ruhig und be-sonnen! So lehr'ich dich der Rache sü-sse

Mässig langsam.

Wonnen! (Friedrich setzt sich langsam an Ortrud's Seite nieder.)

ORT.

Der Ra-che Werk sei nun beschwo-ren aus mei-nes Bu-sens

FRIEDR.

Der Ra-che Werk sei nun beschwo-ren aus mei-nes Bu-sens

(Hier öffnet sich in der Kemenate die Thüre zum Söller.)

V. A. 301.

ZWEITE SCENE.

(Elsa, in weissem Gewande, erscheint auf dem Söller; sie tritt an die Brüstung und lehnt den Kopf auf die Hand.
Friedrich und Ortrud, ihr gegenüber auf den Stufen des Münsters sitzend.)

V.A.301.

Wal - des, wo still und friedsam ich ge - lebt, was that ich dir? was that ich

dir? Freud - los, das Unglück nur be - wei - nend, das lang belastet meinen

Stamm,— was that ich dir? was that ich dir?

ELSA.

Um

Gott, was kla - gest du mich an? War ich es, die dir Leid ge-

ORT.

bracht? Wie könn-test du führ-war mir nei-den das Glück, dass mich zum

100

K 1011

schickst du auf des To-des Spur,— dass meines Jammers trüber Schein nie kehr' in deine Feste

Bewegt. ELSA. (sehr bewegt.)

ein! Wie schlecht ich deine Gü-te prie - se, All - mächt -

- - - - ger, der mich so be-glückt, wenn ich das

Un - glück von mir stie - sse, das sich im Stau - be vor mir

bückt! — O nim - mer! Or - trud! har - re mein! Ich

V. A. 301.

seh' ich so nie - drig dich mir nah! Steh auf! O, spa - re mir dein

Bitten! Trugst du mir Hass, ver - zieh ich dir; was du schon jetzt durch mich ge-

lit - ten, das bit - te ich, ver - zeih' auch mir, das, bit - te ich, — ver - zeih' — auch

ORT. **ELSA.**

mir. O ha - be Dank — für so viel Gü - - te! Der

mor - gen nun mein Gat - - te heisst, an -

flel' ich sein lieb - reich Ge - mü - the, dass Fried - rich

Br. u. Vcl.

auch er Gnad' er - weist. Du fes - selst

ORT.

mf   dim. - -

Ped.

mich in Dan - kes Ban - den! In Früh'n lass mich be -

ELSA. (mit immer gesteigerter, hei-

pp

*

reit dich seh'n. ge - schmückt mit

terer Erregtheit.)

dim.   p

Bl.

Ped.   *

prächti - gen Ge - wan - - - den sollst du mit mir zum Mün - ster

Vl.

Bl.

Treu - e; lass'___ zu dem Glau - ben dich neu___ be - keh - ren: es

Waf - fen kehren, durch ih - ren Hochmuth werd' ihr Reu, durch ih-ren Hochmuth werd' ihr

giebt ein Glück, es giebt ein Glück, ein Glück, das ohne

Reu'! Gen ihn will ich die Waffen - kehren, durch ihren Hochmuth werd' ihr Reu',

Reu', ein Glück das oh - ne Reu!

durch ih - ren Hoch - muth werd' ihr Reu! - *ausdruckvoll*

(Ortrud, von Elsa geleitet, tritt mit heuchlerischem Zögern durch die kleine Pforte ein; die Mägde leuchten voran und schliessen, nachdem Alle eingetreten. — Erstes Tagesgrauen.)

V. A. 361.

112

DRITTE SCENE.

(Allmähliger Tagesanbruch. Zwei Wächter blasen vom Thurme das Morgenlied; von einem entfernteren Thurme hört man antworten.)

Mässig bewegt.

gehn!

(Friedrich, nachdem er den Ort erspäht, der ihn vor dem Zulaufe des Volkes am günstigsten verbergen könnte, tritt hinter einen Mauervorsprung des Münsters.)

(Die Pforte des Pallas öffnet sich von Neuem; die vier Trompeter des Königs schreiten heraus und blasen den Ruf.)

(Während die Thürmer herabsteigen und das Thor erschliessen, treten aus verschiedenen Richtungen Dienstmannen auf, begrüssen sich, gehen ruhig an ihre Verrichtungen; Einige schöpfen am Brunnen in metallenen Gefässen Wasser, klopfen an der Pforte des Pallas und werden damit eingelassen.)

V. A. 301.

K 1011

V. A. 301.

V. A. 301.

That, manch' neue That! Der hier so heh-
zart
Der solch Wun-
viel verheisset uns der Tag; der Held wohl manche neu-e That voll-bringt,
That! Ganz gewiss, manch' neue That! Ganz ge-
zart
manch' neue That! Der hier so heh - re Wun-der
Der so heh - re Wunder
der hier so hehre Wun - der schuf, heut' man-che
manch' neue That, ganz gewiss! Ganz gewiss!
dim.
re Wun-der schuf, manch' neu-e That voll-
cresc.
der schuf, zart führ-wahr, manch' neu-e That voll - bringt er heu-te
der hier solch' Wun-der thut, wohl manche neu-e That voll-
cresc.
wiss! Ge-wiss! Ge-
so heh - re Wun-der schuf, manch' neu-e That
schuf, manch' neu-e That zart voll-bringt er heu-te noch,
neu-e That voll - bringt; der hier so heh-re Wun-der schuf, wohl manch' neu-e
cresc.
Manch' neu-e That, manch' neu - e
cresc.

V. A. 391.

gar viel, gar viel __ ver - hei - sset uns der

gar viel, gar viel ver - hei - sset uns der

viel, gar viel, gar viel __ ver - hei - sset uns der

viel, gar viel, gar viel ver - hei - sset uns der

viel, gar viel verheisst, gar viel ver-heisset uns der Tag!

Tag! Gar - viel, gar viel!

(Der Heerrufer schreitet aus dem Pallas, die vier Trompeter ihm voran. __

Tag! Gar viel, gar viel!

Alle wenden sich in lebhafter Erwar- tung dem Hintergrunde zu.)

Gar viel, gar viel, gar viel!

V. A. 301.

DER HEERR. (auf der Höhe vor der Pforte des Pallas.)

Des Königs Wort und Will' thu' ich euch kund; drum achtet wohl, was euch durch mich er sagt!

In Bann und Acht ist Fried_rich Tel_ramund, weil un_treu er den Got_tes kampf ge_wagt:_ wer sein noch pflegt, wer sich zu

ihm ge-sellt, nach Rei-ches Recht der-sel-ben Acht ver-fällt.

Sehr lebhaft.
Voller Chor der Männer.

Fluch ihm! Fluch ihm, — dem Un-ge-treu-en, den Got-tes Ur-theil

Sehr lebhaft.

traf! Ihm soll der Rei-ne

den Got-tes Ur-theil traf!

scheu — en! Ihm soll der Rei-ne scheu-en, der

Ihm soll der Rei-ne scheu — en! Ihm soll der

V. A. 301.

Rei - ne scheu - - en, es flieh'

ihu Ruh' und

Schlaf! Fluch ihm! Fluch ihm! Fluch ihm, dem Un - ge-treu - en!

(Beim Rufe der Trompeten sammelt sich das Volk schnell wieder zur Aufmerksamkeit.)

Tromp. *Auf der Bühne.*

Und

HEERB.

V. A. 301.

Etwas weniger schnell.

wei - ter kündet euch der Kö - nig an, dass er den fremden, gott-gesandten Mann, den

El - sa zum Ge - mah - le sich er - sehnt, mit Land und Kro - ne von Bra - bant be - lehnt.

Doch will der Held nicht Herzog sein ge - nannt, — ihr sollt ihn heissen Schützer von Bra -

Sehr lebhaft.

Hoch ____ der ersehn - te Mann!

Hoch, hoch der ersehn - te Mann!

CHOR I.

CHOR II.

Heil ihm! Heil! Heil!

Heil

bant!

Sehr lebhaft.

Heil ihm,

Bl.

V. A. 301.

Beide Chöre zusammen.

V. A. 301.

Heil dem Schützer von Bra _ bant!

Heil dem Schützer von Bra _ bant!

a tempo

Tromp. Auf der Bühne.

HEERR.

Nun hört, was Er durch mich euch sagen lässt:_

Etwas langsamer.

Tromp. Auf der Bühne.   *Im Orchester.*

heut' feiert er mit euch sein Hochzeit _ fest,_ doch mor-gen sollt ihr kampfgerüstet

V. A. 301.

128

V. A. 301.

V. A. 301.

V. A. 301.

wei-ter noch mich wagen, vor euern Augen soll es leuch-tend ta-gen! Der euch so

kühn die Heerfahrt an-ge-sagt, der sei von mir des Got-testrug's be-

(Vier Edelknaben treten aus der Thür der Kemenate auf den Söller, laufen munter den Hauptweg hinab und stellen sich vor dem Pallas auf der Höhe auf.)

Der erste u. zweite.

Was hör' ich! Was hast du vor? Weh' dir,

Der dritte.

Die vier Edlen.

Was hör' ich! Was hast du vor? Ver - lor' - ner du,

Der vierte. fp

klagt! Ra - sen-der! Was hast du vor? Ver-

Fg.stacc.

hört dich des Vol - kes Ohr!

Die Edlen drängen Friedrich nach dem Münster, wo sie ihn vor den Blicken des Volks zu verbergen suchen.)

hört dich des Vol - kes Ohr!

lor' - ner, hört dich das Volk!

cresc.

V. A. 301.

Bereits ziemlich langsam. (Vier andere Edelknaben treten gemes-

sen und feierlich aus der Thür der Kemenate auf den Söller und stellen sich daselbst auf, um den Zug der Frauen, den sie erwarten, zu geleiten.)

VIERTE SCENE.

(Ein langer Zug von Frauen in prächtigen Gewändern schreitet langsam aus der Pforte der Kemenate auf den Söller; er wendet sich links auf dem Hauptwege am Pallas vorbei und von da wieder nach vorn dem Münster zu, auf dessen Stufen die zuerst gekommenen sich aufstellen.)

Langsam und feierlich.

(Elsa tritt im Zuge

auf: die Edlen entblössen ehrfurchtsvoll die Häupter.)

V. A. 301.

Gott hü - te ih - ren Schritt!

mö - ge sie ge - lei - ten. Gott hü - te ih - ren Schritt!

(Die Edlen, die unwillkürlich die Gasse wieder ver-
treten hatten, weichen hier vor den Edelknaben aufs
Neue zurück, welche dem Zuge, der bereits vor dem
Pallas angekommen ist, Bahn machen.)

(Hier ist Elsa auf der Erhöhung vor dem Pallas angelangt: die Gasse ist wieder offen, Alle können
Elsa sehen, welche eine Zeitlang verweilt.)

Sie naht, die

Sie naht,

Sie naht,

V. A. 301.

Gluth ent - brannt!_____

keu - - - scher Gluth ent

keu - scher Gluth ent - -

(Von hier an schreitet Elsa aus dem Hintergrunde langsam nach vorn durch die Gasse der Männer.)

Heil dir, El - sa von Bra

Heil dir! Heil El - sa von Bra -

brannt! Heil dir, o Tu - gend - rei - che! Heil

Heil dir,

V. A. 301.

K 1011

143

più f
dir Tu-gend-rei-che. Heil El-sa von Bra-bant! Heil! Heil!
El-sa von Bra-bant! Heil El-sa von Bra-bant! Heil! Heil!
El-sa von Bra-bant! Heil El-sa von Bra-bant! Heil! Heil!
El-sa von Bra-bant! Heil El-sa von Bra-bant! Heil! Heil!
schrei-ten, Gott mö-ge dich ge-lei-ten! Heil dir Tu-gend-rei-che! Heil!
più cresc.
molto cresc.
Sehr lebhaft und schnell.
Heil dir! Heil El-sa von Bra-bant!
Heil dir! Heil El-sa von Bra-bant!
Heil dir! Heil El-sa von Bra-bant!
(Als Elsa den Fuss auf die zweite Stufe des Münsters setzt, tritt Ortrud, welche bisher unter den letzten Frauen des Zuges gegangen, heftig hervor, schreitet auf dieselbe Stufe und stellt sich so Elsa entgegen.)
Sehr lebhaft und schnell.
più f
V. A. 301.

V. A. 301.

jam-mernd zu mir stahl? Wie willst du nun in Hoch-muth vor mir schreiten,

du,_____ eines Gott - ge-rich-teten Ge-mahl?

ORT. (mit dem Anschein tiefer Gekränktheit und stolz.) **Etwas gemessener.**

Wenn falsch Ge - richt mir den Gemahl ver-bann-te,

war doch sein Nam' im Lan-de hochge-ehrt; als al-ler Tugend Preis man ihn____ nur

nann - te, gekannt, gefürchtet war sein tapf'- res Schwert. Der Deine, sag! wer sollte

V. A. 301.

K 1011

Lebhafter.

hier ihn kennen, vermagst du selbst den Na - men nicht zu nen - nen!

DIE FRAUEN U. KNABEN.

Sie lä - stert!

DIE MÄNN.

Ha, was thut sie kund?

Weh - ret ih - rem

Weh - ret ih - rem

Was sagt sie?

Weh - ret ih - rem

ORT.

Mund! Kannst du ihn nennen, kannst du uns es sa - gen, ob sein Ge-schlecht, sein

Mund!

A-del wohl be - währt? Wo-her die Fluthen ihn zu dir ge - tra - gen,

V. A. 301.

V. A. 301.

V. A. 301.

ne - sen, wer sei - ner Sen - dung

zwei - feln kann!

DIE MÄN. *f*
TENOR. Hat nicht durch

BASS. Gewiss! Gewiss!

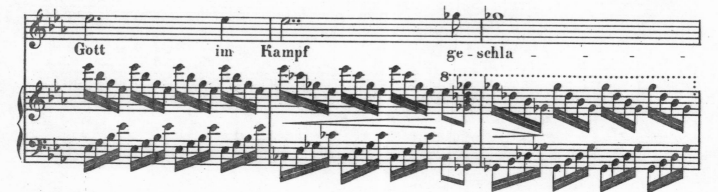

Gott im Kampf ge - schla -

gen mein theu - rer Held den Gat - ten

(zum Volke.)

dein? Nun sollt nach Recht ihr

152

V. A. 301.

Al - le sa - gen, wer kann da nur der Rei - ne sein?

SOP. u. ALT. ff
Dein Held al -

TENOR. f
Nur er! Dein Held al -

BASS f
Nur er! Dein Held al -

lein!

lein!

lein!

ORT. ff (Elsa verspottend.)
Ha! die - se

Rei - ne dei - - nes Hel - den, wie wä - re

sie so bald___ ge - trübt, müsst' er des

Zau - bers We - sen mel - den, durch den

hier sol - che Macht er übt! Wagst du ihn

(sehr bestimmt.)

nicht___ da - rum zu fra - gen, so glau - ben

V. A. 301.

Al - le wir _____ mit Recht, du müs - sest

selbst in Sor - ge za - gen, um sei - ne

Rei - ne steh es schlecht!

DIE FRAUEN. (Elsa unterstützend.)

Helft _____ ihr vor der Ver-

(Der Pallas wird geöffnet, die vier Trompeter
des Königs schreiten heraus und blasen.)

ruch - ten Hass!

DIE MÄNN. (dem Hintergrund zublickend) Macht Platz! Der Kö-nig naht!

Macht Platz! Macht Platz! Der König!

Auf der Bühne. Tromp.

FÜNFTE SCENE.

(Der König, Lohengrin und die sächsischen Grafen und Edlen sind in feierlichem Zuge aus dem Pallas getreten; durch die Verwirrung im Vordergrunde wird der Zug unterbrochen. Der König und Lohengrin schreiten lebhaft vor.)

V. A. 301.

K 1011

Pfor-te, aus ihrer Noth nahm ich sie bei mir auf:— nun sieh, wie furchtbar sie mir

etwas zurückhaltend. **Langsam.**

lohnt die Gü-te, sie schilt mich, dass ich dir zu sehr ver - trau'!

LOH. (den Blick fest und bannend auf Ortrud heftend, welche vor ihm sich nicht zu regen vermag.)

Du fürchter - liches Weib, steh' ab von ihr! Hier wird dir nimmer Sieg! *ausdrucks.*

(Er wendet sich freundlich zu Elsa.)

Sag', El - sa, mir, vermocht' ihr Gift sie in dein Herz zu giessen?

(Elsa birgt ihr Gesicht weinend an seiner Brust.) (Lohengrin, sie aufrichtend und nach dem Münster deutend.)

Komm, lass in Freu-de dort die-se Thränen flie -

V. A. 301.

158

K 1011

wahr - tet, das doch die Eh - re mir be - nahm, da ei - ne

Frag' ihr ihm er - spar - tet, als er zum

Got - tes kam - pfe kam!

Die

Fra - ge nun sollt ihr nicht weh - ren, dass sie ihm jetzt von mir ge - stellt:

Pos. u. Tb.

(In gebieterischer Stellung.)

nach Namen, Stand und Ehren frag' ich ihn laut___ vor al - ler

Y. A. 301.

K 1011   163

Bewegung grosser Betroffenheit unter Allen.)

164

Geschwind. (Alle blicken bestürzt und erwartungsvoll auf Lohengrin.)

LOH.

Nicht dir, der so vergass der Eh - ren, hab Noth ich

Re-de hier zu steh'n; des Bö-sen Zweifel darf ich weh - ren,

FRIED.

vor ihm wird Reine nie vergeh'n! Darf

ich ihm nicht als wür-dig gel - ten, dich ruf ich, König hochge -

ehrt! Wird er auch dich un-ad-lich schel - ten, dass er die

V. A. 301.

K 1011

V. A. 301.

sie gewah - ren; der Zwei - fel keimt in ih - res Her - zens

LOH. In wil - dem Brü - ten muss ich sie ge -

_ich sie ge-wah - ren; der Zwei - fel keimt in ih - res

Welch ein Ge - heim -

muss der Held be - wah - ren?

wohl der Held be - wah - ren?

wah - ren?

Engl.H.

Grund.

wah - ren!

Her - zens Grund. Der Zwei -

_ niss? Bringt es ihm Noth,

Bringt es ihm Noth, sowahr es

Bringt es ihm

ELSA.
(der Umgebung entrückt vor sich hinblickend.)
Was er verbirgt, wohl brächt' es ihm Gefahren, vor aller Welt spräch' es hier aus sein
Der Zwei - felkeimt tief in ihres Herzens Grund.
Hat sie bethört des Hasses Lügenmund?
- felkeimt tief in ih - res Her - zens Grund.
so wahr' es treu sein Mund!
SOP. I. Verschweig' es treu sein Mund!
SOP. II. Bringt
Wahr' es treu sein Mund!
treu sein Mund, so wahr' es treu sein Mund!
Noth, so wahr' es sein Mund!
KÖN.
Bringt ihm sein Geheimniss
Bringt sein Geheimniss ihr Noth, bringt es
sein Geheimniss ihr Noth, bringt ihr es
Bringt sein Geheimniss Noth, bringt sein Geheimniss
dim.
piu p
pp
mf
Bl.

V. A. 301

V. A. 301.

doch,___ im Zwei - fel doch er - bebt des Her - zens

___ ge-fah - ren, er ist be - siegt, wird ihm die Fra - ge kund.___

nie wer - de Zwei - fel die - ser Rei - nen kund!_____

er ist besiegt, er ist besiegt, wird ihm die Fra - ge kund, wird ihm die Fra - ge kund.

kund, ja, durch sei - ne That ward___ uns sein A - del

bringt ihr sein___ Ge - heim - - niss ihn,

ihn, wir schir-men ihn, wir schir - - men ihn, den

Grund!

Im

Er ist besiegt, wird ihm die Fra - ge

Nie____ wer-de Zwei - fel der Rei - nen

Er ist besiegt, wird ihm von ihr____ die Frage

kund; wir schirmen ihn,____ den Ed - len, vor Ge -

Noth,____ so bewahr' es treu sein Mund,

Ed - len, vor Ge-fah - - ren,

Trmp.

Zwei - fel doch er - bebt des Herzens Grund!

kund.

kund! O Him - mel. schirme sie vor den Ge -

kund. Be - siegt ist er, wird ihm___ von

fah - - ren! Wir schir - men ihn vor Ge-fah - ren,

treu - lich sein

wahr___ es treu sein Mund!

wir schirmen ihn___ vor Ge-fahr! Wir schirmen ihn vor Ge-

Bl.

Br.

Wüsst' ich sein Loos,

Er ist besiegt, wird ihm die

fah - ren,   nie werde Zweifel dieser Rei - nen kund!   O Him - mel,

ihr die Frage kund.   wird ihm von ihr die Fra - ge kund,

durch seine That ward uns sein A - del kund,   durch   sei - ne

Wahr'es   treu sein Mund!

fahr,   wohl ward uns sein A - del kund!

Bl.

V. A. 301.

V. A. 301.

V. A. 301.

cresc.
rei - che, Heil El - sa von Bra - bant! Heil dir!
più cresc.
rei - che! Heil dir! Heil dir!
più cresc.
rei - che! Heil dir! Heil dir!
più cresc.
rei - che! Heil dir! Heil! Heil dir!
più cresc.
rei - che! Heil dir! Heil! Heil dir!
seg - net sollst du schrei - ten! Heil dir, Tu - gend - rei - che, Heil,
molto cresc.
SOPR.
Heil dir, Heil El - sa von Bra -
ALT.
TEN.
Heil dir, Heil El - sa von Bra -
BASS.

bant!   **Heil** _____   **dir!**

Vor dem Pallas.
Tromp.

Auf dem Thurme rechts.

Orgel im Münster.

Tromp.

Auf dem Söller links.

(Hier hat der König mit dem Brautpaar die höchste Stufe zum Münster erreicht; Elsa wendet sich in grosser Ergriffenheit zu Lohengrin, dieser empfängt sie in seinen Armen. Aus dieser Umarmung blickt sie mit scheuer Besorgniss rechts von der Treppe hinab und gewahrt Ortrud, welche den Arm gegen sie erhebt, als halte sie sich des Sieges gewiss; Elsa wendet erschreckt ihr Gesicht ab.)

trem.

pp Orch.   *cresc.*   *ff*   Tromp. u. Pos.

(Als Elsa und Lohengrin, wieder vom König geführt, dem Eingange

dim.   *p trem. cresc.*   *ff* Tromp., Orgel u. Orch.

des Münsters weiter zuschreiten, fällt der Vorhang.)

DRITTER AKT.
Einleitung.

V. A. 301.

ritenuto a tempo.

cresc. f dim. p dolce ff

Ch., Pos., Hörn. u. Fg.

ff dim. pp p

piu cresc.

Bl.

V. A. 301.

(Der Vorhang geht auf.)

190

K 1011

ERSTE SCENE.

(Hier werden die Thüren geöffnet.)

Bl. *Im Orchester.*

V. A. 301.

wo euch der Se.gen der Lie.be be.wahr'! Sieg.rei.cher Muth, Min.ne so rein

wo euch der Se.gen der Lie.be be.wahr'! Sieg.rei.cher Muth, Min.ne so rein

wo euch die Lie be.wahr'!

eint euch in Treue zum se ligsten Paar. zum se ligsten Paar!

eint euch in Treue zum se ligsten Paar. In Treu e!

se lig.sten

Etwas langsamer.

VIER SOPR.

(Als die beiden Züge in der Mitte der Bühne sich begegneten, ist
Elsa von den Frauen Lohengrin zugeführt worden; sie umfassen
sich und bleiben in der Mitte stehen. Acht Frauen umschreiten feierlich Lohengrin und Elsa, während diese von den Edelknaben
ihrer schweren Obergewänder entkleidet werden.)

ACHT FRAUEN.
(nach dem Umschreiten.) Wie Gott euch

VIER ALTE.

Etwas langsamer.

S. pizz.

V. A. 301.

se - lig weih - te, zu Freu - den weih'n euch wir;   (Sie halten einen zweiten Umzug.)

in Liebes-glücks Ge - lei - te denkt lang'___ der

Stunde hier! (Der König umarmt und seguet Lohengrin und Elsa.)

(Die Edelknaben mahnen zum Aufbruch: die Züge ordnen sich wieder und während des Folgenden schreiten sie an den Neuvermählten vorüber, so dass die Männer rechts, die Frauen links das Gemach verlassen.)

Im ersten Zeitmass.

(Hier haben die Züge die Bühne gänzlich verlassen; die Thüren werden von den letzten Knaben geschlossen.

allmählig immer entfernter.

rück, wo euch der Se gen der Lie be be-wahr'!

rück, wo euch der Se gen der Lie be be-wahr'!

wo euch die Lie be be-wahr'!

Sieg reicher Muth, Min ne und Glück eint euch in Treu e zum

Sieg reicher Muth, Min ne und Glück eint euch in Treu e zum

se ligstenPaar, zum se lig sten Paar!

se ligstenPaar. In Treu e!

se ligsten Paar.

ganz verhallend.

sehr entfernt.

(Elsa ist, als die Züge das Gemach verlassen haben, wie ü-
berselig Lohengrin an die Brust gesunken. Lohengrin
setzt sich, während der Gesang verhallt, auf einem Ru-
hebett am Erkerfenster nieder, indem er Elsa sanft nach
sich zieht.

pp S. gedämpft

V. A. 301.

ZWEITE SCENE.
(LOHENGRIN u. ELSA.)

Sehr ruhig.

LOHENGRIN.

Das sü_sse Lied ver_hallt; wir sind al _lein, zum ersten Mal al _lein, seit wir uns

sah'n. Nun sollen wir der Welt ent _ ron _ nen sein, kein Lauscher

darf des Herzens Grü _ ssen nah'n.___ El _ sa, mein Weib! Du

sü _ sse, rei _ ne Braut! Ob glück_lich du, das sei mir jetzt ver_traut. Wie wär' ich

ELSA.

kalt, mich glücklich nur zu nennen, be_sitz' ich al_ler Him_mel Se _ lig_keit!___

V. A. 301.

ath - me ich Won - nen, die nur Gott ver - leiht, die nur Gott ____ ver

ath - me ich Won - nen, die nur Gott ver - leiht, die nur Gott ____ ver

S. trem. molto cresc. ff dim. più p pp

Etwas bewegter.

leiht!

leiht!

Etwas bewegter. Wie hehr erkenn' ich unsrer Lie - be

Cl.

Fl. pp dim. Vl. p più p pp

Wesen! Die nie sich sah'n, wir hatten uns ge - ahnt; ____ war ich zu deinem Streiter aus - er -

cresc. mf

lesen, hat Lie - be mir zu dir den Weg ge - bahnt: dein Au - ge sagte mir dich rein von

dim. p

ELSA.

Schuld, mich zwang dein Blick zu die-nen dei-ner Huld. Doch

ich zuvor schon hat-te dich ge-sehen, in sel'gem Trau-me warst du mir ge-

naht: als ich nun wachend dich sah vor mir

ste-hen, er-kannt ich, dass du kamst auf Got-tes

Rath. Da woll-te ich vor dei-nemBlick zer-flie-ssen, gleich einem

Bach um_win_den dei_nen Schritt, als ei_ne Blu_me, duftend auf der

Wie_sen, wollt' ich ent_zückt mich beu_gen dei_nemTritt.

Langsamer. **Lebhafter.** immer lebhafter.

Ist dies nur Lie_be?_ Wie soll ich es nennen, dies Wort so un_aus_sprechlich won_ne_

langsamer.

voll, wie, ach! dein Na_me, den ich nie darf kennen, bei dem ich nie mein Höch_stes nen_nen

(etwas zögernd.)

soll! Wie süss mein Na_me deinem Mund' ent_glei_tet! Gönnst du des

LOHENGRIN.
(schmeichelnd.)

El _ sa!

V. A. 301.

V. A. 301.

werth! Woher du kaunst, sag' ohne Reu _ e, _ durch mich sei Schwei _

Langsamer. **LOHENGRIN.** (streng und ernst einige Schritte zurücktretend.)

_gens Kraft be _ währt! Höch _ stes Ver _ trau'n hast du mir schon zu

danken, da deinem Schwur ich Glau _ ben gern ge _ währt; wirst nimmer

du vor dem Ge _ bo _ te wanken, hoch ü _ ber al _ le Frau'n

Viel bewegter.

dünkst du mich werth! (Er wendet schnell sich wieder An meine Brust, du Sü _ sse,
liebevoll zu Elsa.)

Das Loos, dem du ent_ron_nen, es

war dein höch_stes Glück: du kamst zu mir aus Won_nen und seh_nest dich zu_

rück! Wie soll ich Ärmste glau_ben, dir g'nü_ge meine Treu'? Ein

langsamer.   schnell.

Tag wird dich mir rau_ben durch dei_ner Lie_be Reu'. _____ durch dei_ner

Lie_be Reu'!   Was quä_lest du mich doch? Sollichdie

LOHENGRIN.

Halt' ein dich so zu quä_len!

Ta - ge zählen, die du mir blei - best noch? In Sorg' um dein Ver -

wei - len ver - blüht die Wan - ge mir; — dann wirst du mir ent - ei - len, im E - lend

bleib' ich hier!

LOHENGRIN. (lebhaft.)

Ach, dich an mich zu

Nie soll dein Reiz entschwinden, bleibst du von Zwei - fel rein!

bin - den, wie sollt' ich mäch - tig sein? Voll Zau - - ber ist dein

We - - sen, durch Wun - - der kamst du

her; — wie sollt' ich da ge_ne_sen?

wo fänd' ich dein Ge_währ?

(Sie schreckt in heftigster Aufregung zusammen und hält an, wie um zu lauschen.)

Recit.

LOHENGRIN.

Hörtest du nichts? ver_nahmest du kein Kommen? El_sa!

ELSA. (vor sich hinstar_rend.)

Ach nein!..

Etwas langsamer.

Doch dort, _ der Schwan, der Schwan! Dort kommt er auf der Wasserfluth ge_schwommen, _ du

lebhafter.

ru_fest ihm, _ er zieht her_bei den Kahn! El_sa, halt' ein! Be_ru_ge deinen

LOHENGRIN.

V. A. 301.

sam begonnen zu grauen, die Kerzen sind verloschen.)

(Ein grosser Vorhang fällt im Vordergrund zusammen und schliesst die Bühne gänzlich.)

Auf der Bühne.

Tromp. (tief wie aus dem Burghof vernehmbar.)

Auf der Bühne.

DRITTE SCENE.

(Als der vordere Vorhang wieder aufgezogen wird, stellt die Bühne die
Aue am Ufer der Schelde dar, wie im ersten Akt; glühende Morgen-
röthe, allmähliger Anbruch des vollen Tages.)

Lebhaft.

Tromp. in Es. (entfernt, dann von rechts sich der Scene nähernd.)

(allmählig immer näher und stärker.)

V. A. 301.

K 1011

(immer stärker.)

(Ein Graf mit seinem Heergefolge zieht im Vordergrunde rechts auf, steigt vom Pferd und übergiebt dies

ff   Alle Bl.
im Orchester; Melodie in den Ob., Cl. u. Hörn.

f   p

einem Knechte; zwei Edelknaben tragen ihm Schild und Speer. Er pflanzt sein Banner auf, sein Heergefol-

ge sammelt sich um dasselbe.)

(von rechts schnell sich nähernd.)
Tromp. in D. *Auf der Bühne.*

fp

(immer näher und stärker.)

cresc. poco a poco

(Während ein zwei-

V. A. 301.

Tromp. in F. (entfernter, dann immer näher.)

ter Graf auf die Weise, wie der erste, einzieht, hört man bereits die Trompeten eines dritten sich nähern.)

(immer

näher und stärker.)

(Ein dritter Graf zieht mit seinem Heergefolge ebenso ein. Die neuen Schaaren sammeln sich um ihre Banner;

die Grafen und Edlen begrüssen sich, prüfen und loben ihre Waffen u.s.w.)

V. A. 301.

Auf der Bühne.
Tromp. in E. (von rechts im Hintergrunde sich nähernd.)

fp

(immer

näher und stärker.)

cresc. poco a poco

(Ein vierter Graf zieht mit sei_

f *ffp*

Tromp. des Königs in C. (von links sich nähernd.)

f *cresc.*

nem Heergefolge von rechts her ein und stellt sich bis in die Mitte des Hintergrundes auf. Als die Trompeten

Tromp. in D.   Tromp. in F.

des Königs vernommen werden, eilt Alles sich um die Banner zu ordnen.)

Tromp. in Es.   Tromp. in E.   Alle Tromp. *auf der Bühne.*

molto cresc.

(Der König mit seinem sächsi-

Im Orchester.
ff *sempre* **ff**

Alle Bl.

Melodie

schen Heerbann zieht von links ein.)

in den Tromp. u. Pos.

Wie fühl' ich stolz mein Herz ent.brannt, find' ich in je.dem deut....schen

Land so kräftig reichen Heer.ver.band! Nun soll des

Rei.ches Feind sich nah'n, wir wol.len ta....

.pfer ihn em.pfah'n; aus sei.nem ö.den Ost da.her soll er sich

nim.mer wa.gen mehr! Für deut.sches Land das deut.sche Schwert!

V. A. 301.

K 1011

So sei des Rei _ ches Kraft be _ währt!

deutsches Land das deutsche Schwert! So sei des Rei _ ches Kraft be _ währt!

Wo weilt nun der, den Gott _ ge _ sandt zum Ruhm, zur Grö _ sse von Bra _ bant?

V. A. 301.

K 1011

geht Elsa entgegen und geleitet sie zu einem Sitze der Eiche gegenüber.)

CHOR II. Wie ist ihr An - tlitz trüb und blei - che!

KÖNIG.

Wie muss ich dich so trau - rig sehn! Will dir so nah' die Tren - nung

(Elsa versucht vor ihm aufzublicken, vermag es aber nicht.)

Sehr schnell.

(Grosses

Ein Theil des Chores.
(im Hintergrunde.)

MachtPlatz, macht

gehn?

Sehr schnell.

Gedränge im Hintergrunde.)

Platz dem Hel - den von Bra - bant!

V. A. 301.

fallen, sagt, ob ich ihn mit Recht er_schlug?

DER KÖNIG und **ALLE MÄNNER.**
(die Hand feierlich nach der Eiche ausstreckend.)

CHOR.

Wie deine Hand ihn schlug auf Erden, soll dort ihm Got_tes Stra_fe werden!

Tromp. u. Pos.

trem.

S.

ff dim. p cresc.

LOHENGRIN.

Zum an_dern a_ber sollt ihr Kla_ge hö_ren, denn al_ler Welt nun klag' ich

Bl.

laut dass zum Ver_rath an mir sich liess be_thö_ren das Weib, das

Bl.

S.

brochen, treulosem Rath gab sie ihr Herz da hin! (Alle drücken die heftigste Erschütterung aus.)

Zu lohnen ihres Zweifels wildem Fragen sei nun die Antwort länger nicht ge-

spart; des Feindes Drängen durft' ich sie versagen, nun muss ich

Mässig bewegt. (mit immer steigender Verklärung seiner Mienen.)

künden wie mein Nam' und Art. Jetzt merket wohl, ob ich den Tag muss scheu en!

Vor aller Welt, vor König und vor Reich ent hül le mein Ge heim niss ich in

LOHENGRIN.

In fernem Land, un_nahbar euren Schritten

Langsam.

liegt ei _ ne Burg, die Mon_sal_vat genannt; ein lichter Tempel stehet dort in_mitten, so

kost_bar als auf Er_den nichts be_kannt, drin ein Ge _ fäss von wun _ der_thät _ gem

Se_gen wird dort als höchstes Hei_lig_thum be_wacht: es ward, dass sein der Menschen

rein_ste pflegen, her _ ab von einer En _ gel_schaar gebracht; all_jähr_lich naht vom

Him_mel ei_ne Tau_be, um neu zu stär_ken sei_ne Wun_der_kraft: es heisst der

Gral, und se_lig reinster Glaube ertheilt durch ihn sich sei_ner Rit_ter_schaft. Wer nun dem

Gral zu die_nen ist er_ko_ren, den rü_stet er mit ü_ber_ir_di_scher

Macht; an dem ist je_des Bösen Trug ver_lo_ren, wenn ihn_er er_sieht, weicht

dem des To_des Nacht. Selbst wer von ihm in fer_ne Land' ent_sen_det, zum

Strei - ter für der Tu - gend Recht er - nannt, dem wird nicht sei - ne heil' - ge Kraft ent -

wendet, bleibt als sein Rit - ter dort er un - er - kannt; so hehrer Art doch ist des

Gra - les Se - gen, ent - hüllt muss er des Lai - en Au - ge flieh'n: — des Rit - ters

drum sollt Zweifel ihr nicht he - gen, erkennt ihr ihn dann muss er von euch zieh'n. — Nun

hört, wie ich ver - bot' - ner Fra - ge loh - ne! Vom Gral ward ich zu

V. A. 301.

euch da-her ge-sandt: mein Va-ter Par-zi-val trägt sei-ne Kro-ne,_ sein Rit-ter

ich_bin Lo-hengrin ge-nannt.

ritard.

Pos. u. Tromp.

Volles Orchester

dim.

Sehr langsam.

KÖNIG.

Hör' ich so sei-ne höch-ste Art be-wäh-ren,ent-brennt mein

SOPR.

Hör' ich so sei-ne höch-ste Art be-währen, ent-

DIE FRAUEN. (Alle in grösster Rührung.)

ALT.

Hör' ichdie Kun-de,

DIE MÄNNER.

TEN. I.

Hör' ich so sei-ne höchste Art be-währen,

TEN. II.

Hör' ich so ihn sei-ne Art be-wäh-ren,ent-brennt

BASS I.

Hör' ich so sei-ne höch-ste Art be-wäh-ren, ent-brennt

BASS II.

Hör' ich so sei-ne Art, ent-brennt mein

Sehr langsam.

heim - niss ein? Jetzt ____ muss ich ach! von dir ge - schie - den

sein! Mein Gat te! Nein! ich

ELSA. (in höchster Verzweiflung aufschreckend.)

Schnell.

KÖNIG.

DIE FRAUEN.
SOPR.
Weh! Weh!
ALT.
Weh! Weh!

DIE MÄNNER.
TEN.
Weh! Weh! Weh!
BASS.
Weh! Weh! Weh!

C H O R.

Schnell.

Volles Orch.

più f

ff

lass' dich nicht von hinnen! Als Zeu - ge meiner Bu - sse blei - be

hier, als Zeu _ _ _ ge mei _ ner Bus _ se

blei _ be hier! Nicht

LOHENGRIN.

Ich muss, _ ich muss! mein sü _ sses Weib!

SOPR. u. ALT.

Weh!

CHOR. TEN.

Weh!

BASS.

ELSA.

darfst du mei _ ner bit _ tern Reu _ ent _ rin _ nen,

Weh, nun muss

V. A. 301.

Zieh' uns nicht von dannen! Des Füh rers har ren dei ne Man

dan nen! Des Füh rers, des Füh rers harren dei ne Man

dan nen! Des Füh rers, ja, harren dei ne Man

LOHENGRIN.

nen! O Kö nig, hör'! Ich darf dich nicht ge lei ten! Des

nen!

nen!

lebhaft und schnell.

Gra les Rit ter,— habt ihr ihn er kannt.— wollt' er in Un ge hor sam mit euch strei ten,

mit dem Sänger.

ihm wä re al le Man neskraft ent wandt!— Doch, gro sser

Schwan! Ach, die_se letz_te traur'_ ge Fahrt, wie gern hätt' ich sie dir _ erspart!

In einem Jahr, wenn dei_ne Zeit im Dienst zu Ende soll _ te gehn, _ dann, durch des Gra_les

Macht be _ freit, wollt' ich dich an _ ders wie _ der _ sehn!

Schnell. (Er wendet sich im Ausbruch heftigen Schmerzes in den Vordergrund zu Elsa zurück.)

O El _ sa! Nur ein

Jahr _____ an dei_ner Sei _ te hätt' ich als Zeu_ge dei _ nes Glücks er _

doch bei dem Rin ge soll er mein ge den ken, der einst auch

dich aus Schmach und Noth be freit, ja, bei dem Ringe soll er

mein ge den ken, der einst auch dich aus Schmach und Noth be

(Während er Elsa, die keines Ausdrucks
mächtig ist, wiederholt küsst.)

freit! Leb' wohl! Leb' wohl! Leb' wohl, mein sü sses Weib! Leb wohl! Mir zürnt der

ORTRUD.
(im Vordergrunde auftretend.)

Noth thust du uns an! Fahr' heim! _____ Fahr'

_____ thust du uns an!

_____ thust du uns an!

heim, _____ du stol _ _ zer

Hel _ _ de! Dass ju belnd ich der

Thö _ rin mel _ _ _ de, wer dich ge

se, nach einer kurzen freudigen Entrückung, wendet hastig den Blick nach dem Ufer, wo sie Lohengrin nicht mehr erblickt.)

ELSA.

(In der Ferne wird Lohengrin wieder sichtbar.

Mein Gat _ te! Mein Gat _ te!

ELSA. (Sie sinkt entseelt

Er steht mit gesenktem Haupte, traurig auf seinen Schild gelehnt, im Nachen; bei diesem Anblick bricht Alles in einem lauten Weheruf aus.)

KÖNIG. Ach! in Gottfried's Armen zu Boden.)

Weh!

Weh!

Ganzer Chor. Weh!

(Während Lo-

hengrin immer ferner gesehen wird, sinkt langsam der Vorhang.)

262

K 1011

This is an unabridged reprint of the early Breitkopf edition (s.d.). The copy reproduced here is preserved in the Library of the Liszt Ferenc Academy of Music, Budapest and the publisher would like to express gratitude for the kind permission.

© 1993 by Könemann Music Budapest Kft. · H–1027 Budapest, Margit krt. 64/b.

Distributed worldwide by
Könemann Verlagsgesellschaft mbH · Bonner Str. 126, D–50968 Köln
Responsible editor: István Máriássy
Production: Detlev Schaper
Cover design: Peter Feierabend
Technical editor: Zsófia Kempfner

Printed by: Kner Printing House Gyomaendrőd
Printed in Hungary

ISBN 963 8303 16 6